Katja Diebold, Anja Lipke-Bauriedel,
Madeleine Schulze-Erdei

Anfangsunterricht: kopierfrei und nachhaltig

Spielerische Ideen für einen umweltschonenden Deutsch- und Mathematikunterricht

Die Autorinnen:

Katja Diebold ist Grundschullehrerin und ist in der Lehrkräfteaus- und fortbildung tätig. Zusätzlich bildet sie Erzieher und Erzieherinnen im Bereich Lesen weiter.

Anja Lipke-Bauriedel ist Grundschullehrerin und in der Lehreraus- und -fortbildung tätig. Außerdem war sie bereits Lehrbeauftragte am Lehrstuhl für Grundschulpädagogik und -didaktik. Seit 2019 veröffentlicht sie im PERSEN Verlag.

Madeleine Schulze-Erdei ist Grundschullehrerin und ist in der Lehrkräfteaus- und fortbildung tätig. Sie veröffentlichte bereits Unterrichtsmaterial im Bereich Lesen und Literatur.

1. Auflage 2023

AAP Lehrerwelt GmbH
Veritaskai 3
21079 Hamburg
Telefon: +49 (0) 40325083-040
E-Mail: info@lehrerwelt.de
Geschäftsführung: Christian Glaser, Sandra Saghbazarian, Robin Schlenkhoff
USt-ID: DE 173 77 61 42
Register: AG Hamburg HRB/126335

Wir verwenden in unseren Werken eine genderneutrale Sprache. Wenn keine neutrale Formulierung möglich ist, nennen wir die weibliche und die männliche Form. In Fällen, in denen wir aufgrund einer besseren Lesbarkeit nur ein Geschlecht nennen können, achten wir darauf, den unterschiedlichen Geschlechtsidentitäten gleichermaßen gerecht zu werden.

Autorschaft: Anja Lipke-Bauriedel, Madeleine Schulze-Erdei, Katja Diebold
Covergestaltung: TSA&B Werbeagentur GmbH
Coverfoto: Man holding a brown paper plane in the fresh air in the forest, closeup © Thomas – Adobe Stock_508118170
Illustrationen: Satzpunkt Ursula Ewert GmbH, Katharina Reichert-Scarborough, Julia Flasche, Elisabeth Lottermoser
Satz: Satzpunkt Ursula Ewert GmbH, Bayreuth
Druck und Bindung: Design and printing JSC KOPA, Kaunas

ISBN: 978-3-403-21135-8
www.persen.de

Inhalt

Ideen für den Mathematikunterricht

Vorwort

Liebe Kolleginnen und Kollegen,

wie oft hetzt man morgens in die Schule, um noch schnell einen Klassensatz Arbeitsblätter zu kopieren? An unglücklichen Tagen ist die Schlange am Kopierer zudem bereits sehr lang oder der Kopierer funktioniert mal wieder nicht. Mit den vorliegenden Ideen lässt sich genau für diese Situationen leicht Abhilfe verschaffen: Hier finden Sie ganze vorbereitete Stunden oder einzelne Phasen, die Sie unabhängig von der Tonerfülle sofort umsetzen können.

Eine zentralere Rolle als die Lehrergesundheit spielte bei der Erstellung dieses Bandes jedoch der Umweltgedanke. Es nützt wenig, dieses bedeutsame Thema im Fach Ethik oder in Projektwochen mit den Kindern zu thematisieren und gleichzeitig den eigenen Unterricht mit Unmengen von Kopiervorlagen zu realisieren. Grundschulkinder erkennen diese Diskrepanz und benötigen umweltbewusste Vorbilder, die authentisch handeln. Und seien wir ehrlich: Die wenigsten der im Schuljahr mühsam bearbeiteten Arbeitsblätter werden von den Eltern oder Lehrkräften aufgehoben. Ein Großteil entledigt sich dieser Papierberge so schnell wie möglich. Statt mit Heften können Sie mit Schülertafeln arbeiten.

Besprechen Sie am besten bereits am ersten Elternabend Ihr Bemühen um weniger Papier im Unterricht: Dick befüllte Schnellhefter und Ordner bilden Fleiß und Arbeitsbereitschaft der Kinder nicht allein ab, effektiv gearbeitet werden kann auch ohne viel Papier!

Für einige der hier vorgestellten Ideen benötigen Sie bestimmtes Material, ist den Eltern Ihr Anliegen bewusst, können sie besser bei Beschaffung oder Bereitstellung dessen mit eingebunden werden. Für diesen Zweck finden Sie im Anhang eine Liste mit benötigtem Material für sämtliche Unterrichtsideen. Sie können diese beim ersten Elternabend austeilen, sodass die Eltern schon vermerken können, was sie ggf. beisteuern können. Das schafft Planungssicherheit für beide Seiten.

Die vorliegenden Unterrichtsideen sind alle für den Anfangsunterricht konzipiert, welcher den Grundstein für eine erfolgreiche Schullaufbahn bilden kann und somit von enormer Bedeutung ist. Um die Kinder an den schulischen Alltag, verschiedene Arbeitsweisen und das Lernen zu gewöhnen, sind ritualisierte Abläufe immens wichtig. Viele der hier vorgestellten Umsetzungsmöglichkeiten bieten sich hierfür hervorragend an. Verspüren Sie dabei nicht den Druck, alles umsetzen zu müssen. Probieren Sie schrittweise aus und finden Sie heraus, was zu Ihnen und Ihrer Klasse passt. Diese Dinge integrieren Sie dementsprechend fest in die Schulwoche.

Um Ihnen den Einstieg in den Band zu erleichtern, sind die Kapitel mit Symbolen versehen, die verdeutlichen, für welchen Zeitpunkt im Anfangsunterricht die Ideen gedacht sind bzw. sich gut anbieten.

Nun wünschen wir Ihnen viel Spaß beim Ausprobieren und Umsetzen!

Katja Diebold *Anja Lipke-Bauriedel* *Madeleine Schulze-Erdei*

Legende:

 Anfangsunterricht ab Woche 1

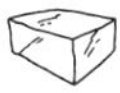 fortgeschrittener Anfangsunterricht (ab Weihnachten)

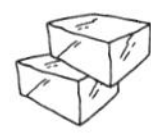 sehr fortgeschrittener Anfangsunterricht (ab Ostern oder Pfingsten)

Ideen für den Erzählkreis

Material

Stuhlkreis, Gesprächsstein/Klassentier, Sprechblasen, Korb mit Muggelsteinen

Umsetzung

Der Erzählkreis ist ein wichtiges und häufig wiederkehrendes Ritual im Anfangsunterricht: Die Kinder bilden einen Stuhlkreis, um sich von besonderen Erlebnissen in den Ferien oder am Wochenende zu erzählen.

Um in dieser Erzählsituation das Sprechen und Zuhören zu fördern, werden vorab gemeinsam mit den Kindern Kriterien erarbeitet, die es dann im Erzählkreis zu beachten gilt. Die Kriterien werden mit einem Folienstift auf laminierte Zettel geschrieben und in die Mitte gelegt. Einzelne Kinder können passende Bilder zu den Kriterien malen.

Beispiele:

Ich höre der Erzählerin oder dem Erzähler zu. 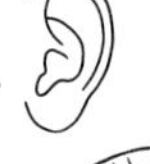

Ich schaue die Erzählerin oder den Erzähler an. 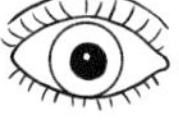

Ich spreche in ganzen Sätzen. 

Ich stelle Fragen. 

Das erzählende Kind bekommt einen Gesprächsstein oder das Klassentier. Das gibt zum einem dem Erzähler oder der Erzählerin Sicherheit und zum anderen wird sichtbar gemacht, wer gerade mit Sprechen an der Reihe ist. Zum Abschluss wird ein Korb mit Muggelsteinen herumgereicht und die Kinder dürfen reflektieren, welche Kriterien besonders gut beachtet worden sind, und einen Muggelstein auf ein Kriterium legen.

Tipps aus der Praxis

Die Situation im Erzählkreis ist sehr gut geeignet, um sich für Zeugnisse Beobachtungen zu notieren. Die Kriterien für den Erzählkreis können im Verlauf des Schuljahres erweitert werden. So kann der Fokus beim Sprechen z. B. auf den Gebrauch von Adjektiven, schönen Satzanfängen oder bestimmter Artikel gelegt werden:

- Ich verwende passende Adjektive in meinen Sätzen.
- Ich beginne meine Sätze mit schönen Satzanfängen.
- Ich höre gut zu. Nach der Erzählung eines Kindes nenne ich drei genannte Nomen mit dem passenden bestimmten Artikel.

So werden besprochene Inhalte aus dem Aufsatzunterricht geübt und wiederholt.

Einer Geschichte zuhören 

Material

Themenlandschaft (bestehend aus Gegenständen, Bildchen, bunten Tüchern, Farbschnipseln, Sprech- und Gedankenblasen etc.), kleine Papierstreifen, lösliche Folienstifte, Tablets (optional), Tuch für den Hintergrund, Geschichte oder kurzer Text, Federmäppchen

Umsetzung

Die Lehrkraft legt tragende Elemente einer Geschichte in freier Anordnung auf ein Tuch. In einer kurzen Murmelphase überlegen die Kinder anhand der Gegenstände/Bilder paarweise, um was es in der Geschichte gehen könnte, und äußern dann ihre Vermutungen. Damit alle Kinder auf demselben Stand sind, muss darauf geachtet werden, dass während dieser Phase alle Gegenstände benannt und ggf. von der Lehrkraft ergänzt werden.

Nun liest die Lehrkraft die Geschichte vor. Die Kinder sollen zunächst einmal völlig frei zuhören dürfen, wer möchte, kann die Augen dabei schließen.
Im Anschluss kündigt die Lehrkraft an, die Geschichte ein zweites Mal vorzulesen, erteilt dabei aber kleine Arbeitsaufträge, die sich auf den Inhalt des Textes beziehen. Diese Zuhöraufträge können an die ganze Klasse oder gezielt an einzelne Kinder gegeben werden. Daraus ergeben sich vielseitige Möglichkeiten zur Differenzierung.

Die Zuhöraufträge können wie folgt aussehen und das herkömmliche Arbeitsblatt ablösen, um die Zuhörfähigkeit der Kinder zu beobachten und zu fördern:

- Ordne die Bilder bzw. Gegenstände in der Reihenfolge, in der sie in der Geschichte auftauchen.
- Wie heißt xy? Beschrifte deine Karte und lege sie neben die Figur.
- Was gehört nicht zur Geschichte? Nimm es weg. (Dafür müssen Gegenstände integriert werden, die nicht zur Geschichte passen.)
- Was sagt/fragt xy? Beschrifte die Sprechblase und lege sie neben die Figur.
- Was würdest du an Stelle von xy sagen/denken? Beschrifte die Sprech- oder Gedankenblase und lege sie neben die Figur.
- Wo spielt die Geschichte? Male passende Dinge zur Umgebung der Geschichte, male sie aus und lege sie in das Bodenbild.
- Wie fühlt sich xy? Drücke seine/ihre Gefühle aus und lege passende Farbschnipsel dazu.
- Wie wird xy beschrieben? Nimm dir die Figur heraus und male sie passend aus. (Dazu muss die Figur blanko auf das Tuch gelegt werden).

Tipps aus der Praxis

Es empfiehlt sich vor dem ersten Durchgang, wichtige Zuhörregeln mit den Kindern zu besprechen.

Wenn Tablets zur Verfügung stehen, ergibt sich eine weitere Differenzierungsmöglichkeit: Die Texte können in unterschiedlichen Schwierigkeitsstufen aufgenommen werden u nd von den Kindern abgehört werden. Ausgerüstet mit Kopfhörern kann so jedes Kind auf seinem Niveau in die Geschichte einsteigen.

Dieses Vorgehen eignet sich gut für das morgendliche Ankommen der Kinder, da es ein ruhiges Arbeiten voraussetzt und die Kinder in den Schultag „gleiten“ lässt. Denkbar wäre auch, nur bestimmte Gruppen von Kindern daran arbeiten zu lassen, um gezielt beobachten zu können.

Die Papierstreifen, Sprech- und Gedankenblasen werden vorab laminiert, mit Folienstift beschrieben und nach dem Schreiben der Geschichten wieder gereinigt. So können sie mehrmals verwendet werden. Dasselbe gilt für die Figuren der Geschichte.

Kleine Zuhörausbildung: Wer hat den Stinkekäse? 

Material

kurzer Zuhörtext (laminiert oder auf einem Tablet), Rollenkarten mit Spion und eine Stinkekäsekarte pro Gruppe (z. B. auf Blankobierdeckeln)

Umsetzung

Die Lehrkraft teilt die Klasse in kleine Gruppen ein. Jede Gruppe bekommt ein Tablet mit einem kurzen Zuhörtext, den die Kinder sich anhören. Im weiteren Verlauf des Schuljahres (wenn die Kinder lesen können) kann dazu übergegangen werden, mehrere laminierte Texte auszugeben, die sich die Kinder abwechselnd laut vorlesen.

Nun werden die Rollenkarten gemischt und so ausgeteilt, dass jedes Kind nur seine eigene Karte ansehen kann. Die Kinder, die den Spion gezogen haben, sollen die Geschichte wahrheitsgemäß und detailgetreu nacherzählen. Das Kind, das die Stinkekäsekarte gezogen hat, hat die besondere Aufgabe, die Geschichte mit nur einem veränderten Detail wiederzugeben. So sind alle Kinder aufgefordert permanent gut zuzuhören, um herauszufinden, wer „Stinkekäse" erzählt hat.

Tipps aus der Praxis

Es empfiehlt sich, vor dem ersten Durchgang wichtige Zuhörregeln mit den Kindern zu besprechen und den Ablauf einmal zu proben.
Je nach Gruppeneinteilung können die Texte unterschiedlich lang und auch inhaltlich differenziert sein.

Als Alternative zum mündlichen Nacherzählen können die Kinder auf kleinen Zetteln Elemente aus der Geschichte malen oder schreiben. Das Kind mit der Stinkekäsekarte muss etwas frei Erfundenes möglichst geschickt und unbemerkt dazumalen und die anderen Kinder müssen dieses identifizieren.

Die Übung kann je nach Textlänge auch als Warm-up für andere Zuhörstunden genutzt oder ritualisiert nach der Pause eingebaut werden.

Den Meisterspionen und Meisterspioninnen gut zuhören 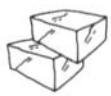

Material

kurze (Sach-)Texte, Blanko-DIN-A4-Blätter (geknickt in zwei Streifen, Anzahl richtet sich dabei nach Anzahl der Gruppen) oder laminierte Streifen mit Musterklammer (zusammengeheftet für jedes Kind), wasserlösliche Folienstifte, Turnreifen in unterschiedlichen Farben, Spionschilder zum Umhängen, Klangschale

Umsetzung

Die Lehrkraft teilt die Klasse in Kleingruppen auf, die sich je um einen Reifen stellen. Jede Gruppe bekommt einen kurzen Text, welchen die Gruppenmitglieder sich gegenseitig laut vorlesen.
Im Anschluss daran erzählen sich die Kinder das Gehörte in eigenen Worten und entscheiden dabei, welche die wesentlichen Elemente ihres Textes sind. Diese dürfen sie je nach Leistungsstand in den ersten Streifen malen oder schreiben.
Im Anfangsunterricht ist es sinnvoll, die Anzahl der Stichpunkte bzw. Bildchen auf drei zu begrenzen. Für die Kinder sind diese sowohl als Gedächtnisstütze zum Nacherzählen als auch zur Vorbereitung auf die Exzerpiermethode gedacht.

Nach dieser Phase bestimmt jede Gruppe oder die Lehrkraft, wer als Spion oder Spionin die anderen Gruppen besucht und ihnen das Gehörte berichtet.
Während der Spion oder die Spionin erzählt, machen sich die Kinder der Gastgruppe Notizen auf den zweiten Streifen (in Form von Wörtern oder Bildern). Natürlich dürfen sie im Anschluss den Spion oder die Spionin um Rat fragen, was er oder sie sich notiert hat. An der Seite des Streifens sollte die Gastgruppe sich farblich (Farbe des Turnreifens) markie-

ren, welcher Spion oder welche Spionin sie besucht hat, um die Geschichte später richtig zuordnen zu können.
Nach einem akustischen Signal (z. B. Klangschale) wechseln die Spione oder Spioninnen zur nächsten Gruppe, bis sie allen Gruppen berichtet haben.

Am Ende versammelt die Lehrkraft die Kinder im „Sitzkino“ (Halbkreis) vor der Tafel. Zum Abschluss nennt sie Schlagworte einer der Geschichten. Die Kinder müssen gut zuhören und ermitteln, um welche Gruppengeschichte es sich handelt. Dabei dürfen sie auf ihre Streifen schauen.

Tipps aus der Praxis

Es empfiehlt sich vor dem ersten Durchgang, wichtige Zuhörregeln mit den Kindern zu besprechen.

Wichtig ist, dass die Spione und Spioninnen in jeder Stunde wechseln. Ist der Ablauf klar, können Kriterien festgelegt werden, die im Anschluss reflektiert werden können (z. B.: „Heute habe ich xy gut zuhören können, weil …“). Damit kann gleichzeitig ein logisch aufgebautes Sprechen gefördert werden.

Eine anschließende Hausaufgabe könnte sein, den eigenen Eltern eine der Geschichten zu erzählen oder der Lehrkraft eine Nacherzählung per Sprachnachricht zu senden.

Motivierend für die Kinder ist es außerdem, einen Beutel mit passenden Materialien zu ihrer Geschichte im Reifen vorzufinden. Aus diesen lassen sich ebenfalls die tragenden Elemente des Textes heraussuchen, die der Spion oder die Spionin von Gruppe zu Gruppe mitnehmen kann (statt des Schreibens/Malens auf den ersten Streifen Papier).

Die Streifen bzw. das Papier werden vorher laminiert. So können sie mehrmals zum Einsatz kommen.

Richterin – Polizist – Spionin 

Material

kurze (Sach-)Texte, Rollenschilder zum Umhängen, Folienstifte wasserlöslich, Reifen, Bewertungskärtchen laminiert, Klemmbretter, Feedbackstreifen im Heft

Umsetzung

Die Lehrkraft teilt die Klasse in Dreiergruppen ein, jede stellt sich um einen Reifen im Schulflur und bekommt einen Text und Rollenschilder zugewiesen. Im Anschluss gestaltet sich der Ablauf wie folgt:

1. Der Polizist betritt den Reifen mit dem Text und liest diesen. Die Richterin steht entweder dahinter, um mitzulesen, oder befindet sich außerhalb des Reifens mit demselben Text. Die Spionin steht vor dem Polizisten, aber nicht im Reifen.
2. Der Polizist liest den Text nun laut und deutlich vor. Die Richterin liest mit und korrigiert evtl. mit Klopfzeichen, falls sie einen Fehler bemerkt. Die Spionin hört gut zu.
3. Nun steigt die Spionin in den Reifen. Sie fasst zusammen, was sie soeben beim Polizisten belauschen konnte. Dabei hören Richterin und Polizist gut zu. Sie müssen im Anschluss bewerten, wie gut die Spionin zugehört hat.
4. Die Richterin gibt dem Polizisten (dem Vorleser) und der Spionin (Zuhörerin und Sprecherin) ein Feedback zu ihrer Leistung.
5. Der Polizist und die Spionin gehen im Anschluss auf ihren Platz und markieren neben ihrem Feedbackstreifen im Heft ein kurzes Zeichen zum heutigen Lernprozess (z. B. grüner, gelber oder roter Punkt)

Tipps aus der Praxis

Es empfiehlt sich vor dem ersten Durchgang, notwendige Zuhörregeln mit den Kindern zu besprechen.

Wichtig ist, dass die Rollen in jeder Stunde rotieren. Ist der Ablauf klar, können Kriterien festgelegt werden, die im Anschluss reflektiert werden können (z. B.: „Heute habe ich xy gut zuhören können, weil …“). Damit trainieren die Kinder gleichzeitig Vorlesen, Zuhören und Sprechen.

Für die Richterin ist es hilfreich, dass sie wichtige Aspekte im Text vorab unterstreicht. So hat sie Anhaltspunkte über Dinge, die die Spionin unbedingt nennen sollte, und die Lehrkraft kann so ggf. das Niveau des Textes anpassen.

Als Motivation ist eine „Agentenmusik“ am Anfang der Stunde denkbar, so kann auf die Thematik eingestimmt werden.

Lesetexte sollten laminiert werden. Sie können diese auch zusammen mit der Klasse erstellen (s. Kapitel Lesekartei).

Sollten Tablets zur Verfügung stehen, ist es gewinnbringend, Polizist und Spionin bei ihren Vorträgen aufzunehmen. So können die Kinder sich später ihre Stimmen noch mal anhören und sich auch selbst einschätzen.

Statt eines Turnreifens können auch andere Materialien genutzt werden. Wichtig ist im Anfangsunterricht, den Rollenwechsel deutlich zu visualisieren.

Arbeitsaufträge für die Fibel

Material

Fibel, Tafel/Dokumentenkamera/Audiodatei auf z. B. Tablet, Block, Federmäppchen

Umsetzung

Die Kinder legen Fibel, Federmäppchen und Schreibblock bzw. Heft bereit.
Der Arbeitsauftrag ist an der Tafel festgehalten oder wird den Kindern mittels einer Dokumentenkamera gezeigt.

Kinder, die noch nicht lesen können, dürfen sich den Auftrag auf dem Tablet anhören. In der Phase der Einführung sollte die Lehrkraft den Arbeitsauftrag mit allen Kindern besprechen und auch erste Aufträge gemeinsam ausführen.

Beispiele für Arbeitsaufträge:

1. Schreibe zum Titelbild deiner Fibel fünf passende Buchstaben/Wörter/Sätze auf.
2. Suche dir ein Bild in deiner Fibel aus und schreibe etwas dazu (Buchstaben, Wörter, Sätze).
3. Schreibe den Text ab. Kreise alle Satzanfänge und Satzzeichen farbig ein.
4. Schreibe den Text ab. Unterstreiche im Text alle Nomen (Namenwörter) farbig.
5. Schreibe den Text ab. Unterstreiche im Text alle Verben (Tunwörter) farbig.
6. Schreibe den Text ab. Unterstreiche im Text alle Adjektive (Wiewörter) farbig.

7. Suche in einem Text deine fünf Lieblingsbuchstaben und schreibe sie auf.
8. Lies in deiner Fibel einen Text und schreibe fünf Lieblingswörter heraus.
9. Lies in deiner Fibel einen Text und schreibe fünf schwierige Wörter heraus.

1. Schaut euch gemeinsam das Titelbild an und sammelt Buchstaben/Wörter/Sätze dazu.
2. Schaut euch gemeinsam das Titelbild an und schreibt zum Bild passende Wörter oder Sätze auf.
3. Sucht euch gemeinsam ein Bild aus und erzählt dazu.
4. Lest euch einen Text vor.
5. Lest euch einen Text vor. Überlegt euch zusammen zwei Fragen zum Text.

Tipp aus der Praxis

Diese Idee eignet sich ritualisiert als Aufgabe für schnelle Lernende, für Vertretungsstunden, Homeschooling und Hausaufgaben, die digital an erkrankte Kinder verschickt werden können. Die Arbeitsaufträge können noch durch eine genaue Seitenangabe ergänzt werden. Die Verständlichkeit der Aufträge kann noch durch Bildkarten abgesichert werden (z. B. Lesen: Brille, farbiges Unterstreichen: Lineal und Buntstift). In vielen Schulen gibt es schulhausintern festgelegte Farben für die Wortarten, hier muss dann für „farbig“ die jeweilige Farbe eingesetzt werden.

Die Lehrkraft sollte sich selbst die Arbeitsaufträge durchnummerieren, um den Überblick zu behalten. Auch die Kinder halten die Nummern der jeweiligen Aufgabe auf ihrem Block fest.

Versteckte Silben, Wörter und Sätze 

Material

Wortkarten/Satzstreifen, Übersicht über die Wortkarten und Satzstreifen

Umsetzung

Die Lehrkraft versteckt im Klassenzimmer nummerierte Silben, Wortkarten oder Satzstreifen, je nach Lesevermögen der Klasse.
Innerhalb der nächsten Woche werden die Kinder so immer wieder Karten entdecken und dürfen der Lehrkraft die Silben, Lesewörter oder Sätze ins Ohr flüstern. Dabei sollten sie auch die Nummer nennen, die sie auf der jeweiligen Karte finden.

Tipp aus der Praxis

Es ist wichtig, dass die Lehrkraft die Wortkarten durchnummeriert. Das stellt sicher, dass das Kind ein Wort wirklich gelesen hat und es nicht nur bei den anderen Kindern gehört hat. Zudem behält die Lehrkraft so einen besseren Überblick.

Im Laufe des weiteren Schuljahres kann man auch einzelne Schüler oder Schülerinnen als Leseprofis einsetzen. Ihnen flüstern die anderen Kinder dann die gelesenen Worte ins Ohr.

Laminierte Karten, die man mit Folienstiften immer wieder beschreiben kann, eignen sich für diese Unterrichtsidee sehr gut.

Lesepass als Minibüchlein

Material

Papier (blanko, DIN A4), Faltanleitung für Minibüchlein

Umsetzung

Alle Kinder bekommen ein gefaltetes Minibüchlein. Auf dem Titelblatt steht der Name des jeweiligen Kindes.
Die Lehrkraft hat den ersten Lesemonat bereits vorbereitet. Dort steht dann z. B. November und die gewünschte Anzahl an Lesezeiten ist mit Spiegelstrichen gekennzeichnet. An jedem Spiegelstrich können die Kinder mit ihren Eltern das Datum eintragen, wenn sie das laute Vorlesen geübt haben. Jeder Eintrag muss von den Eltern unterschrieben werden.

Tipp aus der Praxis

Natürlich können sich auch Großeltern oder ältere Geschwister vorlesen lassen und das ist auch am Telefon möglich. Hierzu muss nur ein Foto von den Wörtern oder vom Text via Textmessenger oder Mail geschickt werden.

Es hat sich als sinnvoll erwiesen, gleich in den ersten Schulwochen mit einem Lesepass zu beginnen. Die Kinder freuen sich über die Aufmerksamkeit, die sie beim Vorlesen bekommen, und die Leseübungen werden nicht vergessen. In der Schule können die Kinder den ausgefüllten Pass stolz zeigen und bekommen vielleicht sogar eine kleine Belohnung.

Lesestreifen

Material

Papierstreifen

Umsetzung

Die Lehrkraft schreibt die Lesewörter der Woche an die Tafel. Gemeinsam werden diese laut vorgelesen und unbekannte Wörter erklärt/thematisiert.
Danach schreibt jedes Kind die Wörter auf Lesestreifen. Kinder, die schon sicher im Schreiben sind, dürfen kurze Sätze mit den Lesewörtern der Woche bilden. Abschließend werden die Streifen von der Lehrkraft korrigiert.

Tipp aus der Praxis

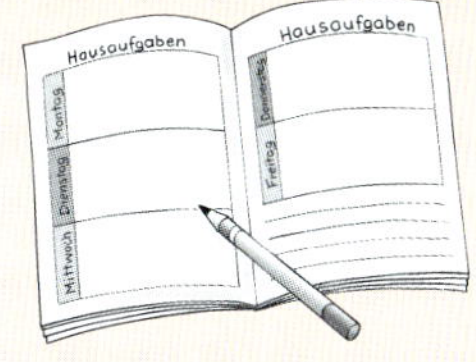

Diese Übung lässt sich auch problemlos daheim umsetzen, sei es für erkrankte Kinder oder auch im Rahmen von Homeschooling für die ganze Klasse.
Die Lesewörter werden den Eltern digital zugeschickt (je nach Ausstattung des Elternhauses via E-Mail oder Textmessenger).

Die Lesewörter der Woche können auch für ein kleines Diktat herangezogen werden.

Lesekartei

Material

Texte zum Abschreiben (Fibel, Lesebuch, Buch mit Kurzgeschichten und Gedichten, Kinderzeitschriften), liniertes Papier, passender Karton zur Aufbewahrung

Umsetzung

Die Kinder bekommen die Monatsaufgabe, in bereitgestellten Büchern sowie Zeitschriften zu schmökern, einen interessanten Text auszusuchen und diesen fehlerfrei in Schönschrift abzuschreiben. Im Anschluss werden die Texte der Schüler und Schülerinnen kontrolliert, ggf. verbessert und anschließend laminiert.

Die laminierten Texte werden in einer Box verstaut und wachsen nach und nach zu einer Lesekartei heran, die vielfältig zum Einsatz kommen kann.
Die Texte können im Rahmen eines Lesetandems Verwendung finden, als Lesehäppchen für zwischendurch dienen, die Kinder können sich Fragen zu den Texten überlegen oder Rückmeldung zu ihrer Schrift und zur Auswahl ihres Textes erhalten. Mit der Lesekartei können auch Übungen zu den Wortarten oder Satzarten umgesetzt werden:

- Unterstreiche im Text alle Nomen (Namenwörter) farbig und schreibe sie mit dem bestimmten Begleiter in dein Heft.
- Unterstreiche im Text alle Verben (Tunwörter) farbig und schreibe sie in der Grundform auf deine Schülertafel.
- Unterstreiche im Text alle Fragesätze farbig und schreibe sie in dein Heft.

Die Lehrkraft muss hierzu farbige Folienstifte bereithalten.

Tipp aus der Praxis

Besonders schön ist es, wenn die Zeit gefunden wird, die Box für die Lesekartei als Gemeinschaftsarbeit mit den Kindern zu gestalten. Selbstverständlich können die Kinder auch Texte von daheim mitbringen und den Büchertisch ergänzen.

Sollten die Kinder die Lesekartei mit Folienstiften bearbeiten, können sie nach einer Kontrolle ihre Karten selbst abwaschen. Am Waschbecken ist eine Leine mit Wäscheklammern empfehlenswert, an der die Kinder solche Karten zum Trocknen aufhängen können.

Sämtliche Arbeitsaufträge können auch zu Hause umgesetzt werden, da jedem Kind ein Text aus der Lesekartei ohne weiteren Vorbereitungsaufwand mitgegeben werden kann. Die Arbeitsaufträge selbst können digital verschickt werden. Es hat sich als hilfreich erwiesen, einen Fundus von kleinen Aufträgen zu laminieren und im Klassenzimmer bereitzuhalten.

Eine Geschichte aus dem Säckchen 

Material

Säckchen mit Gegenständen für jedes Kind, ggf. Geschichtenhefte der Kinder, Federmäppchen

Umsetzung

Die Lehrkraft bereitet für jedes Kind ein Säckchen mit Gegenständen vor. Jeder Gegenstand steht für ein Wort, das die Kinder aufschreiben. Am Anfang des ersten Schuljahres ist es wichtig, nur lauttreue Wörter auszuwählen. Es kann quantitativ und qualitativ differenziert werden, indem für leistungsschwächere Kinder weniger Gegenstände im Säckchen platziert sind oder schreibstarke Kinder längere Wörter aufschreiben müssen (z. B. die Tomate, die Schokolade …). Leistungsstarke Kinder können im Anschluss zusätzlich Sätze zu ihren Gegenständen aufschreiben.

Bieten Sie zu Beginn mit einer „Verschriftungsinsel“ Hilfe an:
Kinder, die einen Gegenstand nicht einordnen können, dürfen zu einem klärenden Gespräch zur Lehrkraft kommen.
Manche Kinder können die Dinge/Wörter bestimmt schon bald zu einer kleinen Geschichte zusammenfügen.

Unser Tipp aus der Praxis

Die Gegenstände im Säckchen können auch in anderen Bereichen des Deutschunterrichts zum Einsatz kommen, um den bestimmten Artikel zu üben, passende Adjektive zu finden, die Mehrzahl zu bilden oder im Verlauf des Jahres die Gegenstände nach dem ABC zu ordnen. Leistungsstarke Kinder können aus den Wörtern auch zusammengesetzte Namenwörter bilden.

Die Säckchen können gut im Rahmen einer Partnerarbeit zum Einsatz kommen oder für eine Gruppe von Kindern zur Einführung eines neuen Themas dienen.

Auch bei Lernzielkontrollen kann das Säckchen mit Gegenständen verwendet werden. Meist ist ein Gegenstand für Kinder mit sprachlichen Schwierigkeiten besser zu erkennen als ein Bild.

Schreiben zu Wimmelbüchern 

Material

Wimmelbilderbuch, Papierstreifen, dicker Folienstift (wasserlöslich), Schülerhefte oder Schülertafeln, Federmäppchen oder Tafelstifte

Umsetzung

Die Kinder betrachten im „Sitzkino“ das Wimmelbild (Halbkreis) und äußern sich dazu in ganzen Sätzen.
Am Anfang der ersten Klasse schreibt die Lehrkraft die genannten Nomen auf Papierstreifen mit. Leistungsstarke Kinder können dazu aufgefordert werden, die Nomen aus den Sätzen herauszufiltern und unbekannte Nomen zu klären. Im weiteren Verlauf des Schuljahres können andere Wortarten (Adjektive und Verben) oder z. B. Überschriften hinzugefügt werden.
Im Anschluss an das Gespräch verschriften die Kinder am Platz je nach individuellem Leistungsstand einzelne Wörter, ganze Sätze oder bereits kleine Geschichten zum Wimmelbild. Die notierten Nomen können nun für das Verschriften genutzt werden. Leistungsschwächere Kinder können diese als Ideen verwenden und die Wortkarten zeitweise an ihren Platz holen. In einer Folgestunde dürfen die Kinder auf freiwilliger Basis ihre Ergebnisse vorstellen.

Tipp aus der Praxis

Am besten eignet sich ein großformatiges Wimmelbuch.

Die Papierstreifen werden vor ihrem Einsatz laminiert, mit Folienstift beschrieben und nach dem Schreiben der Geschichten wieder gereinigt. So können sie mehrmals verwendet werden. Es könnte auch das Kollegium darum gebeten werden, Abschnitte, die an der Schneidemaschine anfallen, zu sammeln. Beide Varianten vermeiden unnötigen Papierverbrauch.

In der Praxis hat es sich bewährt, unterschiedliche Farbkarten für die verschiedenen Wortarten nutzen.

In der Phase, in der die Nomen aufgeschrieben werden, ist darauf zu achten, das Namenwort immer mit dem bestimmten Artikel zu notieren. Das ist besonders für Kinder mit einer anderen Muttersprache hilfreich.

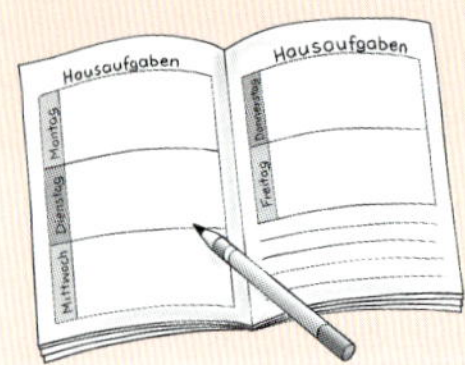

Ein kleinformatiges Wimmelbuch kann auch im Rahmen von Homeschooling bestens zum Ein satz kommen.

Schreiben zu Kunstpostkarten 

Material

Kunstpostkarten, Tuch, Schülerhefte oder Schülertafeln, Federmäppchen oder Tafelstifte

Umsetzung

Die Lehrkraft und die Kinder bilden einen Sitzkreis. In der Mitte des Kreises liegt ein Tuch, darauf liegen verdeckt Postkarten.
Die Kinder vermuten, was auf den Karten zu sehen ist. Danach darf jedes Kind eine Karte umdrehen und erzählen, was es darauf sieht. Im Anschluss daran dürfen sich die Kinder ein Bild auf einer Postkarte auswählen, sich einen Schreibplatz suchen und dort passende Wörter oder Sätze aufschreiben.

Mögliche Schreibimpulse:

- Erzähle zu deinem Bild.
- Lass eine Person auf deinem Bild sprechen.
- Die Person auf deinem Bild spricht zu dir. Was sagt sie?
- Zwei Postkarten unterhalten sich. Was erzählen sie sich?
- Zwei Postkarten unterhalten sich. Eine Karte ist eher schüchtern, die andere gibt an.
- Sammle zu deinem Bild passende Nomen.
- Sammle zu deinem Bild passende Adjektive.

Unser Tipp aus der Praxis

Kunstpostkarten sind häufig sehr günstig auf Flohmärkten (im Paket) oder über Kleinanzeigen erhältlich. Kalender mit Bildern eignen sich ebenfalls gut für Schreibimpulse.

Natürlich ist es auch möglich, eine Kunstpostkarte im Rahmen von Homeschooling unter der Dokumentenkamera zu präsentieren und alle Kinder zum selben Bild schreiben zu lassen. Hier empfiehlt es sich, unterschiedliche Impulsfragen zum Bild bereitzuhalten, um die Präsentationsrunde für alle interessant zu gestalten.

Schreibaktion mit *Russisch Brot* 

Material

Russisch Brot, Blockblatt (Schreiblineatur) oder Schülertafel, Federmäppchen oder Tafelstift

Umsetzung

Jedes Kind bekommt einen Buchstaben aus der Kekspackung. Bevor dieser gegessen werden darf, soll er notiert werden. Im Anschluss daran gilt es, den kleinen Buchstaben dazuzuschreiben und das zum Buchstaben passende Bild aus der Anlauttabelle zu malen. Es darf auch das Wort aufgeschrieben werden (z. B. Löwe).

Tipp aus der Praxis

Leistungsstarke Kinder können weitere Begriffe mit demselben Anlaut finden und diese aufmalen bzw. aufschreiben. Auch Sätze können mit diesem Wortmaterial gebildet werden.

Werbung machen

Material

Prospekte, Papier/Heft, Anlauttabelle, Federmäppchen, Dokumentenkamera

Umsetzung

Für eine Schreibaktion mit Prospekten gibt es verschiedene Umsetzungsmöglichkeiten:

Jedes Kind bekommt einen kleinen Briefumschlag mit Bildern aus Prospekten.
Die Kinder betrachten die Bilder und können sich melden, falls sie eine Abbildung nicht erkennen oder ein passendes Wort dafür nicht wissen.

Unter der Dokumentenkamera wird der fehlende Wortschatz gemeinsam erarbeitet und mehrmals langsam, laut und deutlich gesprochen. Nach der Wortschatzklärung beginnen die Kinder, die Bilder auf ein Blatt Papier oder in ein Heft zu kleben und den dazu passenden Begriff mithilfe der Anlauttabelle zu verschriftlichen.
Zu Beginn wird die Verschriftlichung bei vielen Kindern nur aus dem Anlaut bestehen, z. B. wird bei Ente ein E stehen.
Die Schreibergebnisse werden gesammelt, um die Fortschritte der Kinder genau zu dokumentieren. Für leistungsstarke Schüler und Schülerinnen liegt weiteres Bildmaterial bereit.

Die Lehrkraft legt im Klassenzimmer Prospekte sowie Kataloge zu einem vorgegebenen Thema aus. Die Kinder gehen mit einem Partnerkind zusammen herum und tauschen sich rund um das Thema aus und beginnen, sich Bilder, Prospekte und Kataloge auszuwählen. Gemeinsam gestalten sie das Thema in ihrem Heft und verschriften immer wieder passende Wörter oder Sätze dazu.
Zum Abschluss dürfen einige Kinder ihre Ergebnisse unter der Dokumentenkamera vorstellen

Mögliche Themen:

- Unser Traumurlaub
- Unser Traumhotel
- Unser Traumzimmer
- Unser Traumhaus
- Unser Traumspielplatz

Im Rahmen einer Gruppenarbeit kann beispielsweise ein großes Werbeplakat gestaltet und beschriftet werden. Das Schreibergebnis kann im Mathematikunterricht gut für erste Sachrechnungen mit Geld genutzt werden, nachdem Preisschilder auf dem Plakat ergänzt wurden.

Tipp aus der Praxis

Beziehen Sie die Kinder und die Eltern beim Sammeln der Prospekte mit ein.
Zu Beginn des ersten Schuljahres empfiehlt es sich, den Kindern bereits ausgeschnittene Bilder an die Hand zu geben und nur mit lauttreuen Wörtern zu üben.

Bestimmter Artikel gesucht! 

Material

Symbolkarten (Schere, Stein, Papier), Wortkarten (Artikel: der, die, das)

Bildkarten zur Sprachförderung (Alternative: kleine Bilder aus Prospekten ausschneiden), kleine Haftnotizzettel

Umsetzung

Im „Sitzkino“ vor der Tafel wiederholen die Kinder gemeinsam mit der Lehrkraft die bestimmten Artikel. Dazu werden die Wortkarten ausgelegt und die entsprechenden Symbolkarten zugeordnet (der Stein, die Schere, das Papier).

Die Kinder sprechen dabei mit und führen gleichzeitig ein Handzeichen durch: Stein, Schere oder Papier
Die Handzeichen lehnen sich an das bekannte Spiel „Stein, Schere, Papier“ an:
der = geballte Faust; die = Zeigefinger und Mittelfinger bilden eine Schere; das = flache Hand.

Im Anschluss daran werden im Plenum Bildkarten den Artikeln zugeordnet.
Der Vorteil bei der Verwendung der Handzeichen und Symbole ist die Verknüpfung von Bewegung und Sprache bzw. visuellen Reizen und Sprache. So können sich die Kinder den Zusammenhang zwischen Artikel und Nomen besser merken.

Nach dieser Aufwärmphase arbeiten die Kinder mit einem Partner oder einer Partnerin zusammen. Dafür bekommen sie einen Stapel Bildkarten (quantitative und qualitative Differenzierung durch Vorabauswahl der Lehrkraft möglich) und Haftnotizzettel. Gemeinsam überlegen sie nun, welches Bild welchen Artikel benötigt. Nach einer Einigung kleben sie auf die Rückseite der Bildkarte einen Haftnotizzettel und malen darauf das entsprechende Symbol. Ist ein Paar mit dieser Arbeit fertig, kontrolliert die Lehrkraft den Stapel. Falsche Karten werden gemeinsam besprochen.

Sind mehrere Paare gleichzeitig fertig, können die Stapel untereinander beliebig oft getauscht werden. Wichtig ist, darauf zu achten, dass die Kinder Artikel und Bild beim Üben stets verbalisieren und dabei die richtige Handbewegung ausführen.

Im Anschluss daran können die Kinder abwechselnd eine Karte vom Stapel nehmen und sich mithilfe der selbst gemalten Symbole auf der Rückseite gegenseitig kontrollieren. Ist die Antwort richtig, darf die Karte behalten werden, bei falscher Antwort wandert sie zurück unter den Stapel. Das Kind mit den meisten Karten gewinnt.

Tipp aus der Praxis

Viele geeignete Bildkarten lassen sich im Vorkurs- oder DAZ-Material in der Schule finden. Auch Eltern und Kinder können um Hilfe gebeten werden, vielleicht besitzen sie geeignete Spiele oder Prospekte mit Bildern.

Achten Sie darauf, dass die Kinder immer den Nominativ verwenden (der/die/das Nomen). Es empfiehlt sich, hierzu ein Satzmuster für das Verbalisieren vorzugeben.

Nimmt man im Sachunterricht gerade ein bestimmtes Themenfeld durch (z. B. Hecke), ist es sinnvoll, mit Bildkarten aus diesem Bereich zu arbeiten.
So bauen sich gleichzeitig zum fachlichen Inhalt sowohl Wortschatz als auch grammatikalisches Wissen auf.

Vorsicht, gefährliche Nomen!

Material

Liste mit (bekannten) Wörtern (unterschiedliche Wortarten)

Umsetzung

Mit diesem Spiel üben die Kinder, Nomen von anderen Wortarten zu unterscheiden. Die Lehrkraft bereitet eine Liste mit etwa zehn verschiedenen Wörtern vor. Hierbei sind die Wortarten bunt gemischt. Zu Beginn ist es empfehlenswert, bekannte Wörter (Nomen aus der Anlauttabelle, Lesewörter, Blitzwörter) auszuwählen.

Die Lehrkraft schlüpft nun in die Rolle der gefährlichen Hexe, welche die Klasse mit Nomen verzaubern möchte: Immer, wenn die Hexe „gefährliche" Nomen nennt, müssen sich die Kinder schnell unter ihrer Bank verstecken. Bei den anderen Wortarten besteht keine Gefahr; die Kinder können stehen bleiben und dürfen Grimassen schneiden.

Tipp aus der Praxis

Dieses Spiel macht den Kindern auch als Bewegungspause Freude. Eine neue Regel könnte so aussehen:

Die Kinder lieben es, aus der Sicherheit ihres Tisches laut den bestimmten Begleiter zu schreien und „die Hexe" damit in ihrer Zauberkraft zu schwächen. Die Hexe wird dann immer leiser und bringt irgendwann kaum noch ein Wort heraus. Der Kreativität sind hier keine Grenzen gesetzt.

Nach und nach kann die Wörterliste auch länger und um unbekannte Wörter erweitert werden. Mit dieser Übung kann auch gut auf einen neuen Buchstaben eingestimmt werden, indem nur Wörter gewählt werden, die mit diesem Buchstaben beginnen.

Leckere Adjektive 

Material

verschiedene, verzehrbereite Lebensmittel mit unterschiedlichem Geschmack und unterschiedlicher Konsistenz, kleine Schüsseln/ Teller, Wortkarten, laminierte Wortkarten, wasserlösliche Folienstifte

Umsetzung

Die Lehrkraft bittet die Kinder vorab, jeweils ein bestimmtes Lebensmittel mitzubringen. Die Verteilung erfolgt mittels losen.
Passende Lebensmittel sind z. B. Äpfel (süß), Salzstangen (salzig), Walnüsse (bitter), Melone (saftig, süß), Essiggurken (sauer) usw.

Die Tische werden zu kleinen Gruppen zusammengestellt und die Lehrkraft bereitet für jede Gruppe Schälchen mit verschiedenen Nahrungsmitteln vor.
Die Gruppen bekommen nun den Auftrag, die Lebensmittel zu probieren, passende Adjektive zu finden und diese auf Wortkarten schriftlich festzuhalten. Die Adjektive sollen zum Geschmack passen.

Kinder, die zügiger arbeiten, dürfen im Anschluss Adjektive zum Aussehen und zur Beschaffenheit der Lebensmittel finden.
Zum Abschluss der Übung dürfen die Gruppen ihre Ergebnisse im Plenum vorstellen. Hierzu empfiehlt sich ein Präsentationsspaziergang: Die Klasse versammelt sich immer um den Gruppentisch, der gerade Ergebnisse präsentiert.

Tipp aus der Praxis

Die Kinder sollten insbesondere gesunde Lebensmittel mitbringen, die Lehrkraft selbst kann vielleicht noch eine Tüte Gummibärchen oder einen Kuchen mitbringen.

Zudem ist zu prüfen, ob bei den Kindern Allergien (z. B. Nüsse) oder Unverträglichkeiten vorliegen.

Wenn die Kinder sich trauen, können sie beim Probieren der Lebensmittel die Augen schließen und sich „füttern" lassen.

In einer weiteren Stunde zu den Adjektiven können die Wortkarten unter dem Aspekt „Gegenteile finden" sortiert und ergänzt werden.

Adjektive zu Gegenständen sammeln 

Material

Gegenstände, Blankopapierstreifen (laminiert), wasserlösliche Folienstifte, Schülertafeln, Tafelstifte

Umsetzung

Die Kinder werden in Kleingruppen aufgeteilt und jede Gruppe versammelt sich jeweils um einen Tisch, auf dem verschiedene Materialien liegen. Die Menge an Materialien gibt die Lehrkraft vor. Zu Anfang empfiehlt es sich, mit nur einem Gegenstand zu beginnen.
Die Kinder verschriftlichen nun auf den Papierstreifen viele Adjektive (ein Streifen pro Wort), die zu dem Gegenstand passen. Sie sollten dabei stets dazu angeregt werden, möglichst treffende Adjektive zu notieren.

Im Anschluss kommen die Kinder mit ihrem Material und den Papierstreifen ins „Sitzkino“. Das Material wird in die Mitte und die Papierstreifen verdeckt darum herumgelegt. Nun dürfen die anderen Gruppen zu den fremden Gegenständen Ideen äußern. Gibt es Übereinstimmungen, darf die Gruppe die entsprechende Karte aufdecken. Gibt es zusätzlich gute Ergänzungen anderer Gruppen, notiert die Lehrkraft diese mit und legt sie dazu.

Je nach Leistungsstand der Kinder ergeben sich weitere verschiedene Arbeitsaufträge:

- Bestimmt ein Adjektiv, notiert es auf einem Papierstreifen und legt möglichst viele passende Gegenstände dazu (große Materialauswahl muss hierfür vor der Tafel liegen).
- Seht euch die Gegenstände gut an. Sucht ein Adjektiv und sein Gegenteil und findet Gegenstände, mit denen ihr diese gut zeigen könnt.
- Bestimmt ein Adjektiv (z. B. *groß*), sucht euch Gegenstände aus und ordnet sie (z. B. *der Größe nach*).
- Legt aus kleinen Gegenständen ein Bild (z. B. *eine Blume aus Knöpfen, Farbschnipseln, Federn)* und notiert fünf Sätze dazu auf euren Tafeln.
  (Bei dieser Variante ist es auch möglich, die Gruppen rotieren zu lassen. So müssen die Kinder mehr und länger beschreiben).
- Sucht euch einen Gegenstand aus, der euch gut gefällt, und schreibt fünf Sätze dazu auf eure Tafeln.

Tipp aus der Praxis

Für die Beschaffung des Materials können Eltern und Kinder um Hilfe gebeten werden.

Kleine Gegenstände, z. B. Muscheln, Farbschnipsel aus Farbmusterkarten (im Baumarkt erhältlich) und kleine Dekoartikel, sind sehr nützlich. Besonders zu empfehlen sind Naturmaterialien (z. B. Steine, Blätter, kleine Stücke Holz, Moos), die ggf. auf einem Ausflug (z. B. im Wald) gemeinsam mit den Kindern gesammelt werden können. Das Sammeln kann auch als Hausaufgabe auslagert werden.

Beim Nennen der Adjektive sollte stets auf ganze Sätze und den Einsatz des bestimmten Artikels geachtet werden (z. B. Der Stock ist glatt. Das Moos ist weich.).

Leistungsstarke Kinder können Synonyme zu einem bestimmten Adjektiv suchen.

Für leistungsschwache Kinder ist es sehr nützlich, vorgegebene Satzmuster zum Formulieren parat zu haben.

Möchte man das Thema mit dem Sachunterricht verknüpfen, empfiehlt es sich, das Material auf ein bestimmtes Thema hin zu beschränken. Als weitere Querverbindung eignet sich das Schreiben einer thematisch zu den Gegenständen passenden Geschichte (z. B. Waldgeschichte).

Ameisen- und Giraffendiktat 

Material

Wortkarten oder Satzstreifen, Schülertafeln, Tafelstifte

Umsetzung

Die Lehrkraft verteilt im Klassenzimmer Karten und Streifen. Auf den Karten steht ein Wort, auf den Streifen ein kurzer Satz. Je nach Leistungsstand dürfen die Kinder zwischen den beiden Optionen frei wählen oder werden dann von der Lehrkraft in zwei Gruppen eingeteilt.

Wenn die Lehrkraft ein Ameisendiktat ankündigt, wissen die Kinder, dass sie das Diktat am Boden suchen müssen, bei einem Giraffendiktat müssen die Hälse lang gemacht werden, um die Zettel an höher gelegenen Stellen zu finden. Die Kinder notieren die Wörter oder Sätze nun auf ihrer Schülertafel. Wenn sie fertig sind, kontrolliert die Lehrkraft und kennzeichnet Fehler mit einem Kreuzchen.

Die Kinder müssen nun in einer weiteren Runde ihre Fehler verbessern. Dafür gibt es ein Kontrollplakat mit den Wörtern und Sätzen an der Tafelinnenseite. Es können Wörter mit dem Buchstaben der Woche geübt werden (der Esel, die Ente, ...), später können auch Rechtschreibfälle (rennen, das Zimmer, der Ritter ...) aufgegriffen werden.

Tipp aus der Praxis

Wenn eine Durchführung im Klassenzimmer funktioniert und die Kinder die Regeln beachten, können die Karten und Streifen auch im Schulflur versteckt werden. Natürlich kann man diese Art des Diktats auch im Schulhof oder im Schulgarten stattfinden lassen. Das Diktat eignet sich gut als „Morgenarbeit“ oder auch für Kinder, die ihre Arbeit schon beendet haben. Um die Streifen und Karten auch für die nächsten Klassen verwenden zu können, sollte man diese vor Gebrauch laminieren.

Memory: Einzahl und Mehrzahl bilden 

Material

z. B. ein Tiermemory, kleine weiße Karten, Federmäppchen

Umsetzung

Die Kinder legen die Memorykarten aufgedeckt auf den Tisch, suchen sich abwechselnd zusammengehörige Motive und verbalisieren dazu. In dieser Übung sollen die Kinder die Bildung von Einzahl und Mehrzahl trainieren: die Katze, die Katzen; der Hund, die Hunde.

Im Anschluss daran werden alle Karten nebeneinandergelegt. Im weiteren Verlauf könnten leistungsstarke Kinder die Einzahl und die Mehrzahl auf jeweils einer kleinen weißen verschriftlichen. Für schwächere Kinder hat die Lehrkraft am besten bereits fertige Karten vorbereitet, die dann richtig zugeordnet werden sollen.

Tipp aus der Praxis

Mithilfe des Memorys können auch kurze Sätze oder kleine Geschichten entstehen. Legen Sie die Karten verdeckt auf den Tisch. Jedes Kind zieht nun zwei Karten und schreibt zu den beiden Tieren je nach Leistungsstand Wörter oder Sätze auf.

Mit den Einzahl-/Mehrzahlkarten der Kinder können auch neue Übungen entstehen: Die Kinder müssen z. B. nicht nur zwei zusammenpassende Karten finden, sondern drei.

Bunte Kiste: Rechtschreibübungen

Material

Kiste, Gegenstände von den Kindern, laminierte Karten, wasserlösliche Folienstifte, Schülertafeln, Tafelstifte

Umsetzung

Die Kinder erhalten über das Wochenende den Auftrag, zwei bis drei Gegenstände von zu Hause mitzubringen. Alle Kinder beschriften daheim jeden Gegenstand gut lesbar mit einer separaten Wortkarte.
Am Montag wird die Kiste mit den Gegenständen befüllt. Der Inhalt kann dann unter der Woche für vielfältige Übungen genutzt werden:

Die Kinder können je nach Lesevermögen die Wortkarten oder die Gegenstände im Rahmen der Morgenarbeit in Kleingruppen oder mit einem Partner oder einer Partnerin nach dem ABC ordnen.

Sowohl die Gegenstände als auch die Wortkarten können für kleine Blitzdiktate genutzt werden. Dafür zeigt die Lehrkraft sehr kurz eine Wortkarte unter der Dokumentenkamera und die Kinder schreiben das dargebotene Wort auf ihre Schülertafel. Auch der Gegenstand kann von der Lehrkraft hochgehalten werden und die Mädchen sowie Jungen müssen das dazugehörige Wort verschriften. Weiterhin können die Kinder mit den Wortkarten das richtige Abschreiben üben und ihre individuellen Aufpassstellen markieren.

Tipp aus der Praxis

Bitte weisen Sie darauf hin, dass die mitgebrachten Dinge auf eine Erwachsenenhand passen müssen und dass andere Kinder diese anfassen werden. Die Kinder neigen nämlich dazu, Lieblingssachen mitzubringen, die dann nur von nahestehenden Kindern berührt werden dürfen.

Satztheater: Satzzeichen finden 

Material

Schülertafeln, Tafelstifte, Schwämmchen, kurzes szenisches Spiel mit zehn Sätzen in schriftlicher Form

Umsetzung

Die Lehrkraft hat ein kurzes szenisches Spiel vorbereitet, welches aus zehn Sätzen besteht. Auf den Schülertafeln haben die Kinder die Zahlen eins bis zehn untereinander aufgeschrieben. Daraufhin trägt die Lehrkraft die Sätze klanggestaltend vor. Nun haben die Kinder den Auftrag, pro Satz ein passendes Satzzeichen festzuhalten. Im Anschluss werden die Satzzeichen gemeinsam auf ihre Richtigkeit überprüft.

Tipp aus der Praxis

Zu Anfang empfiehlt es sich, diese Übung gemeinsam in der Gruppe und mithilfe der Dokumentenkamera umzusetzen. Zudem sollte man sich zunächst nur mit fünf Sätzen befassen. Im Laufe des ersten Schuljahres kann das Vortragen einzelner Sätze auch von Kindern übernommen werden.

Silben üben

Material

Lesebuch/Fibel, OHP-Folien, lösliche Folienstifte (schwarz und gelb pro Kind), Büroklammern, evtl. Schülertafeln, Tafelstifte

Umsetzung

Die Kinder befestigen mit einer Büroklammer eine Folie oben an die aktuelle Seite im Lesebuch / in der Fibel. Bevor es losgeht, wird der Text noch einmal gemeinsam gelesen. Im Anschluss zeichnen die Kinder in Einzelarbeit mit schwarzem Folienstift die Silbenbögen der Wörter ein.

Hier lässt sich prima differenzieren: Leistungsschwächere Kinder beschäftigen sich mit einzelnen Wörtern, fortgeschrittene Kinder mit Sätzen, leistungsstarke Kinder kennzeichnen schon den ganzen Text. Mit gelbem Folienstift sollen die Königsbuchstaben (Vokale) markiert werden.

Tipp aus der Praxis

Besonders schnelle Kinder können weiteres Material aus der Lesekartei (s. Kapitel Lesekartei) für diese Übung nutzen.

Als weiterführende Aufgabe ist es auch denkbar, die Wörter auf der Schülertafel nach Anzahl der Silben sortieren zu lassen (eine Silbe, zwei Silben, drei Silben etc.).
So trainieren die Kinder das richtige Abschreiben aktueller Wörter und bauen gleichzeitig ihr Sprachgefühl zu Silben aus.

Zahlenblitz: Eine Menge in Sekunden erkennen 

Material

Muggelsteine/Wendeplättchen, Schülertafeln, Tafelstifte

Umsetzung

Unter der Dokumentenkamera präsentiert die Lehrkraft den Kindern als stummen Impuls ein Bild von einem Blitz mit einigen Zahlen darum herum. Nun wissen die Kinder bereits, dass „Zahlenblitz“ gespielt wird. Die Kinder legen ihre Schülertafeln bereit und warten darauf, dass die Lehrkraft ihnen eine Menge zeigt, die sie aufschreiben sollen.
Dafür deckt die Lehrkraft die Dokumentenkamera kurz ab und legt eine Anzahl von Muggelsteinen oder Plättchen bereit. Nun zeigt sie der Klasse sehr kurz/blitzartig die gelegte Menge, die die Kinder sich dann auf ihrer Tafel als Ziffer notieren.
Nach jedem Zahlenblitz werden die notierten Ziffern kontrolliert, indem ein Kind die Menge als Zahl nennt, nochmals mit der Dokumentenkamera visualisiert und dann abgehakt wird.

Tipp aus der Praxis

Wenn die Übung „Zahlenblitz“ bekannt ist, kann auch ein Kind die Aufgabe übernehmen, Muggelsteine zu legen. Die Lehrkraft hat dann die Möglichkeit, bei jedem Kind zu beobachten, ob es Mengen erkennen kann.

Den Kindern macht es Freude, wenn die Lehrkraft eine Zahl nennt, diese visualisiert und die Klasse daraufhin kontrollieren muss, ob sich ein Fehler eingeschlichen hat. Wenn das der Fall ist, dürfen die Kinder Muggelsteine ergänzen oder wegnehmen.

Zur Einführung der Übung empfiehlt es sich, die Muggelsteine oder Plättchen strukturiert hinzulegen (Kraft der 5*).

Flüsterwürfel

Material

Flüsterwürfel (Würfel aus Schaumstoff), Schülertafeln, Tafelstifte

Umsetzung

Diese Übung ist sinnvoll, wenn die Schreibweise der Zahlen Eins bis Sechs bereits eingeführt wurde. Dann kann mit ihr die richtige Schreibung der Zahlen trainiert werden. Jedes Kind bekommt einen Flüsterwürfel, würfelt damit und notiert das Würfelbild als Zahl auf seine Schülertafel. Wichtig ist es, die Tafelseite mit den Rechenkästchen zu nutzen. Dieses Training empfinden die Kinder als wesentlich abwechslungsreicher als das Ausfüllen eines Arbeitsblattes.

Tipp aus der Praxis

Achten Sie unbedingt auf eine saubere Ausführung: Jede Ziffer steht in einem Kästchen. Die Kinder neigen am Anfang dazu, die Ziffern einfach aufzuschreiben, ohne die Kästchen zu beachten.

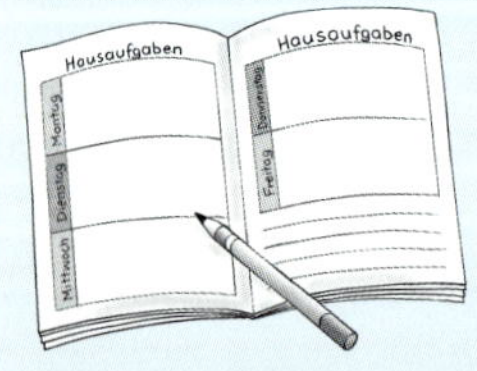

Diese Übung kann auch daheim ausgeführt werden, da fast jedes Kind einen Würfel besitzt. Sollte die Schülertafel in der Schule sein, kann man hierzu jedes beliebige Blatt mit Kästchen nutzen.

---

* Eine Anzahl von 5 wird so hingelegt, das diese auf einen Blick erkannt wird.
Hintergrund: Kinder können eine Menge bis etwa 4 auf einen Blick erkennen, dann beginnen sie zu zählen. Mit der Kraft der 5 vermeidet man, dass Kinder z.B. bei einer Menge von zwanzig anfangen zu zählen, sondern dass sie auf einen Blick erkennen, dass vier 5er Päckchen vor ihnen liegen.

Gegenstände zählen

Material

Blockblatt, Scolaflex®-Tafeln oder Mathehefte

Umsetzung

Die Kinder sollen vorhandene Gegenstände zählen, z. B. Computer, Fenster, Schränke im Klassenzimmer, Stifte im Federmäppchen. Die Kinder schreiben oder malen auf, was sie gezählt haben und notieren daneben die Anzahl.

7

Tipp aus der Praxis

Leistungsstarke Kinder können sich im Anschluss Rechnungen ausdenken, in denen mindestens eine der notierten Zahlen vorkommt. Wer schafft es, möglichst viele dieser Zahlen in einer Rechnung unterzukriegen?

In Bezug auf die Rechenart kann ebenfalls differenziert werden. Es können nicht nur Plusaufgaben, sondern auch Minus-, Mal- und Geteiltaufgaben notiert werden. Darüber hinaus dürfen auch mehrere Summanden aufgeschrieben (z. B. 5 + 3 + 8) und die Rechenarten gemischt (z. B. 8 + 5 – 3) werden. Beim Anwenden mehrerer Rechenarten wird unter Umständen die Punkt-vor-Strich-Regel Gegenstand des Unterrichts (z. B. 8 + 5 · 3).

Die Anzahl suchen

Material

Blockblatt oder Matheheft, Werbeprospekte o. Ä.

Umsetzung

Wird eine neue Zahl eingeführt, müssen die Kinder eine Mengenvorstellung zu dieser entwickeln. Um diese anzubahnen, hat es sich bewährt, die Kinder in Prospekten „auf die Suche“ gehen zu lassen. Wird z. B. die Zahl Drei eingeführt, lautet der Arbeitsauftrag: *Suche drei gleiche Dinge, schneide sie aus und klebe sie auf!*

Tipp aus der Praxis

Da nicht alle Kinder zu Hause Werbematerial zur Verfügung haben, sollte die Lehrkraft immer einen Fundus haben, aus welchem sie Prospekte zur Verfügung stellen kann.

Aufgaben würfeln

Material

Würfel, Schülertafeln, Tafelstifte

Umsetzung

Jedes Kind bekommt einen Würfel und notiert Rechenaufgaben auf seiner Schülertafel. Die Aufgaben können nach verschiedenen Vorgaben gewürfelt werden.

Beispiele:

- Würfle immer zweimal hintereinander. Bilde so fünf Plusaufgaben.
- Würfle immer zweimal hintereinander. Bilde so fünf Minusaufgaben.
- Würfle immer dreimal hintereinander. Bilde so fünf lange Plusaufgaben.
- Würfle immer dreimal hintereinander. Bilde so fünf lange Minusaufgaben.

Dabei kann sehr gut differenziert werden. Leistungsstarke Kinder können z. B. mehrere Würfel verwenden, um mit einem fortgeschritteneren Zahlenraum zu arbeiten. Mit zwei Würfeln lassen sich zudem Aufgaben umsetzen, für die aus zwei Ziffern die größte oder kleinste Zahl gebildet werden muss.

Abseits von klassischen Rechenaufgaben lassen sich die gewürfelten Zahlen auch vergleichen (<, >, =). Leistungsstarke Kinder können dabei mehrere gewürfelte Zahlen ordnen (z. B. $3 < 5 < 6$) oder die Ergebnisse der gewürfelten Aufgaben der Größe nach sortieren.

Tipp aus der Praxis

Lassen Sie die Kinder die Tafeln tauschen und sich gegenseitig kontrollieren, bevor Sie selbst die Aufgaben durchsehen.

Besonders praktisch bei solchen Übungen sind Flüsterwürfel (Würfel aus Schaumstoff).

Dieser Arbeitsauftrag lässt sich leicht im Homeschooling realisieren. Fast jede Familie hat einen Würfel zu Hause und Sie brauchen nur die jeweiligen Arbeitsaufträge verschicken. Senden die Eltern Ihnen ein Foto der Tafel, können Sie die Aufgaben leicht kontrollieren.

Aufgabenmemory

Material

Aufgabenkärtchen (Karteikarten oder Karten aus Tonpapierresten), Stifte

Umsetzung

Die Kinder arbeiten in Partnerarbeit und die Lehrkraft gibt jedem Paar bereits beschriftete Kärtchen. Auf diesen stehen für die Klasse passende Aufgaben (z. B. 5 + 2 = 7). Für jede Aufgabe beschriften die Kinder nun zwei weitere Karten mit der jeweiligen Tauschaufgabe (T: 2 + 5 = 7) und Umkehraufgabe (U: 7 – 5 = 2). Die neu beschrifteten Kärtchen werden von der Lehrkraft kontrolliert.

Sind alle Kärtchen richtig erweitert, werden sie gemischt und umgedreht auf dem Tisch verteilt. Analog zu einem Memoryspiel decken die Kinder nun immer abwechselnd drei Karten auf und versuchen so, die zusammengehörigen Karten zu finden.

Tipp aus der Praxis

Diese Idee eignet sich prima als kleine Aufwärmphase in anderen Stunden oder als Übungsangebot für schnelle Kinder.

Leistungsstarke Kinder können sich mit dieser Übung schon an Multiplikations- und Divisionsaufgaben heranwagen. Spätestens in Klasse zwei lässt sich dieses Prinzip problemlos für alle Kinder auf die weiteren Rechenarten erweitern.

In kleinen Gefrierbeuteln (ist langlebig) können Sie die Kärtchen für die Paare gut aufbewahren und sammeln.

Variante für die Marktplatzmethode: Jedes Kind zieht ein Kärtchen, auf dessen Rückseite jeweils Tausch- und Umkehraufgabe vermerkt sind. Die Kinder laufen im Klassenraum herum und stellen sich gegenseitig (nach Aufeinandertreffen mit einem weiteren Kind) die Aufgabe auf den Kärtchen. Das Gegenüber muss T und U jeweils richtig benennen. Im Anschluss werden die Karten getauscht und neue Übungspartner und -partnerinnen gesucht.

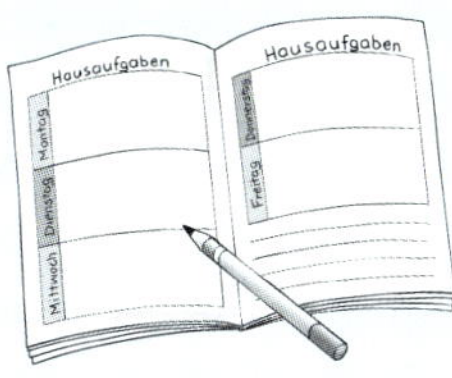

Die Karten können Sie sehr gut mit nach Hause geben oder dort basteln lassen. Das Kind kann mit den Eltern oder allein mit den Karten üben. Alternativ lässt sich das Memory auch als Onlinequiz erstellen (z. B. über Microsoft® Office Forms*).

* Hierbei handelt es sich um ein Tool, auf das alle Lehrkräfte mit dem Office-Paket zugreifen können.

Mit Wimmelbildern rechnen 

Material

Wimmelbilderbuch, breite Papierstreifen, wasserlöslicher Folienstift

Umsetzung

Im „Sitzkino“ betrachten die Kinder das Wimmelbild und äußern sich dazu spontan in ganzen Sätzen. Die Lehrkraft hängt Nomen, mit denen eine Sachsituation gebildet werden kann, als Bild- und Wortkarten an die Tafel. Die Verben bzw. Signalwörter der jeweiligen Rechenoperationen werden ebenfalls an die Tafel (neben Bild und Nomen) notiert und mit einem farbigen Punkt versehen (z. B. rot für Addition, blau für Subtraktion).
Anschließend formulieren die Kinder erste mathematische Vorgänge, z. B.:
„Drei Flaschen sind umgefallen“ oder „Fünf Bienen kommen dazu“.
Schon im Sitzkino sollte thematisiert werden, dass nicht jede Aufgabe vollständig aus dem Bild heraus formuliert werden muss. Man darf das Gesehene sinnvoll zu einer Aufgabe ausbauen. Sieht man z. B. einen Clown mit drei Bällen, dürfte dazu erfunden werden, dass ihm zwei Bälle davonrollen.

Nach einigen gemeinsamen Beispielen erfinden die Kinder am eigenen Platz, je nach individuellem Leistungsstand, eine Sachaufgabe. Leistungsschwache Kinder können sich an den Stichpunkten an der Tafel orientieren, leistungsstarke Kinder erfinden neue, evtl. auch mehrteilige Aufgaben. Die Aufgabe kann auf die Papierstreifen gemalt oder verschriftlicht werden.

In einer Folgestunde dürfen die Kinder auf freiwilliger Basis ihre Ergebnisse vorstellen und Aufgaben anderer Kinder lösen. Mit richtig gestellten Aufgaben kann eine Klassenkartei gebildet werden.

Tipp aus der Praxis

Am besten eignet sich ein großformatiges Wimmelbuch.

Als digitale Alternative empfiehlt sich z. B. die App „Multidingsda“. Hier gibt es viele Wimmelbilder, die auch sprachlich aufbereitet sind und nicht muttersprachliche Kinder bei der Analyse des Bildes unterstützen.

Die gesammelten Signalwörter an der Tafel können in einem großen Wortspeicher für die Klasse gesammelt werden.

Die Papierstreifen können laminiert, mit Folienstift beschrieben und dann wieder gereinigt werden, dann sind sie mehrere Male verwendbar.

Es ist wichtig, dass die Kinder den Lösungsweg und die Lösung/Antwort auf der Rückseite notieren. So können die Aufgaben untereinander ausgetauscht und individuell bearbeitet werden.

Besonders leistungsschwache Kinder benötigen Struktur. Es hat sich bewährt, den Streifen zunächst so zu knicken, dass er in zwei Felder unterteilt ist: Ausgangssituation (z. B. vier Schwäne → malen oder schreiben) und Veränderung der Situation (z. B. zwei Schwäne verschwinden → malen oder schreiben).

Mit Themenlandschaften rechnen üben 

Material

Themenlandschaft (Material oder Set zu einem bestimmten Thema), kleine Papierstreifen, Edding®-Stift, Tablets (optional), Tuch

Umsetzung

In einem Gespräch wird mit den Kindern ein Thema festgelegt, das sie sehr interessiert (z. B. Spielzeuge, Piraten, Ritter). Die Kinder bringen für die Folgestunden passendes Material zu diesem Thema mit. Gemeinsam wird daraus eine Themenlandschaft aufgebaut (auf dem Tuch und vor der Tafel) und ein erstes Gespräch dazu angeregt.
Wichtige und schwierige Wörter verschriftlicht die Lehrkraft auf kleinen Papierstreifen und legt sie passend neben die Landschaft (Wortschatzerweiterung). Zum Einstieg spielt die Lehrkraft eine Aufgabe vor und lässt diese von den Kindern mathematisch versprachlichen. Nach ein paar Wiederholungen kann diese Phase auch von den Kindern übernommen werden.

Im Anschluss überlegen sich die Kinder Sachaufgaben, die sie mit dem Material veranschaulichen bzw. spielen können. Danach stellen sie ihre Aufgabe und den dazugehörigen Lösungsweg vor.

Tipp aus der Praxis

Sachaufgaben mit Material zu visualisieren, gilt als wichtige Problemlösestrategie. Indem das Arbeiten mit Material in dieser Übung von Anfang an thematisiert wird, werden die Kinder schrittweise an diese Strategie herangeführt und greifen später sicherer darauf zurück.

Die Übung kann isoliert umgesetzt oder als Warm-up bzw. Vertiefungsphase zum Schreiben von Sachaufgaben genutzt werden (s. o.: Zu einem Wimmelbild rechnen). Bis die Kinder das Vorgehen verinnerlicht haben, empfiehlt es sich, das Thema zunächst als eigenen Unterrichtsgegenstand zu behandeln.

Je nach Leistungsstand der Kinder kann die Lehrkraft bestimmtes Material zuweisen, um den Zahlenraum zu differenzieren.
Zusätzlich kann in jeder Stunde ein anderes Kind eine Aufgabe präsentieren. Diese Phase eignet sich hervorragend, um mathematisches Argumentieren und Kommunizieren zu beobachten und mündliche Noten zu generieren.

Die Papierstreifen können laminiert, mit Folienstift beschrieben und dann wieder gereinigt werden, dann sind sie mehrere Male verwendbar.

Viele Kinder besitzen zu Hause bereits nützliche Sets (z. B. von Playmobil). Die Eltern können im Vorfeld gebeten werden, das Material mit Klebepunkten zu markieren, um spätere Verwechslungen zu vermeiden.

Als Arbeitsauftrag für schnelle Kinder ist es für die weiterführende Arbeit wertvoll, die gespielte **Aufgabenstellung** mit dem Tablet aufnehmen zu lassen.

Dafür wird das Tablet über einen Tisch gehalten; die Kinder legen das Material unter die Kamera und sprechen dazu (hierbei muss der Datenschutz beachtet werden).
In Zusammenhang mit dem Fach Kunst können kleine Hintergründe oder zusätzliche Elemente gestaltet und integriert werden. Diese kurzen Videos können dann als Einstiege in die kommenden Unterrichtsstunden dienen.

Rechenzeichen erkennen 

Material

Blatt mit zehn verschiedenen Minisachaufgaben, Schülertafeln, Tafelstifte, evtl. Dokumentenkamera

Umsetzung

Die Lehrkraft legt das Blatt mit den Minisachaufgaben abgedeckt unter die Dokumentenkamera (z. B. *1. Mia hat fünf Bonbons. Ihr Bruder nimmt zwei weg*) und deckt schrittweise Satz für Satz auf.
Die Kinder haben auf ihren Tafeln bereits die Nummer eins bis zehn notiert. Jeder Satz wird zunächst gemeinsam gelesen, im Anschluss notie-

ren die Kinder das Rechenzeichen, das für die jeweilige Aufgabe erforderlich ist.

Nach allen zehn Sätzen bespricht die Lehrkraft mit der Klasse jeden Satz.
Es empfiehlt sich, das Signalwort für das jeweilige Rechenzeichen farbig zu markieren (z. B. nimmt weg) und das Rechenzeichen dahinter zu notieren. So können alle Kinder in Ruhe ihre Notizen mit der Lösung vergleichen und abhaken bzw. verbessern.

Tipp aus der Praxis

Bei der Einführung dieser Übungsform ist es sinnvoll, zunächst mit fünf Aufgaben zu starten.

Lassen Sie die Kinder die Aufgaben ganzheitlich betrachten, nur so kann die Gefahr vermieden werden, dass die Kinder bestimmten Signalwörtern blind vertrauen, z. B. *Der Bruder nimmt Mia zwei Bonbons weg. Jetzt hat sie fünf. Wie viele hatte sie davor?*

Diese Unterrichtsidee lässt sich leicht als Quiz umwandeln (z. B. über Microsoft Office Forms*). Sie erstellen den Anfangssatz der Sachaufgabe als Ausgangsfrage und geben entweder die verschiedenen Grundrechenarten oder mögliche Signalwörter als Antwortmöglichkeiten an.

* Hierbei handelt es sich um ein Tool, auf das alle Lehrkräfte mit dem Office-Paket zugreifen können.

Muster herstellen 

Material

Formenplättchen, Formenstempel, Schnur und Bügelperlen oder Lego®-Steine (nicht alles Material ist nötig, eine Auswahl genügt), Wortkarten, Satzmuster

Umsetzung

Die Kinder sammeln sich im „Sitzkino“ vor der Tafel. Die Lehrkraft wiederholt wichtige Begriffe (z. B. Muster, Regel), legt ein Muster aus einem beliebigen Material und lässt dieses von den Kindern folgerichtig fortführen und verbalisieren.
Für die Verbalisierung eignen sich zuvor festgelegte Satzmuster

(z. B. „Die Regel lautet: Zuerst immer drei Dreiecke, dann zwei Kreise und dann ein Rechteck.“).

Im Anschluss daran ergeben sich Übungsmöglichkeiten in verschiedenen Settings:

Die Kinder werden in heterogene Paare eingeteilt. Das leistungsstärkere Kind legt ein Muster aus einem der oben genannten Materialien, das schwächere Kind formuliert die Regel und legt das Muster richtig weiter. Wenn homogene Paare gebildet werden, sollten die Rollen (legen – verbalisieren/fortführen) getauscht werden.

Wenn über verschiedenes Material verfügt wird, kann damit an verschiedenen Stationen gearbeitet und weiter differenziert werden:

- Regeln zu fertigen Mustern formulieren (mündlich oder schriftlich, leistungsschwächere Kinder formulieren auf vorab laminierten Streifen eine angefangene Regel zu Ende)
- vorgegebene Muster fortführen
- eigene Muster erfinden und erklären

- Die Kinder freuen sich, wenn sie aus dem Material einen Gegenstand mit Muster gestalten, das sie behalten dürfen (z. B. Anhänger oder Armband aus Bügelperlen).

Tipp aus der Praxis

Das Thema „Muster und Strukturen“ gilt als Bereich, der alle mathematischen Inhalte trainiert. Ein solch wichtiges Training kann nach der Einführung gut in den Wochenplan integriert werden.

Wichtig ist, dass die Kinder die Regel des jeweiligen Musters stets verbalisieren. Das kann in mündlicher oder schriftlicher Form erfolgen.

Während dieser handlungsorientierten Unterrichtsform lassen sich sehr gut Beobachtungen über Schüler und Schülerinnen anfertigen oder praktische Noten generieren.

Formen im Schulhaus entdecken 

Material

Schülertafeln oder Tablets, geometrische Formen als Tafelmaterial, Wortkarten

Umsetzung

Die Kinder sammeln sich im „Sitzkino“ vor der Tafel und wiederholen anhand von Tafelmaterial die verschiedenen geometrischen Formen. Je nach Leistungsstand der Kinder können die Merkmale und Eigenschaften der Formen ebenfalls mit Wortkarten wiederholt werden.

Im Anschluss werden die Kinder in Gruppen eingeteilt. Mit einem Tablet oder einer Schülertafel ausgestattet, begeben sie sich nun im Schul-

haus auf eine Erkundungstour nach geometrischen Formen. Dabei können die Kinder nach bestimmten Formen in Gruppen eingeteilt werden (z. B. Gruppe Kreis, Gruppe Dreieck) oder sie suchen frei nach allen Formen, die sie finden können.
Ihre Aufgabe ist es, die Orte zu notieren, an denen sie eine bestimmte Form gefunden haben.

Für die Gruppenarbeit ist es wichtig, die Schülertafeln zu strukturieren (z. B. Tabelle mit den vier Formen). Anknüpfend an die Gruppenphase bietet sich ein gemeinsamer Spaziergang durch das Schulhaus an, bei dem die Kinder an Ort und Stelle ihre Entdeckungen zeigen dürfen. Bei dieser Variante ist es sinnvoll, die Gegenstände mit Wortkarten zu versehen (z. B. mit einem Klebepunkt auf der Rückseite befestigen), um die Ergebnisse nachhaltig präsent zu machen. So kann für die Folgestunden ein weiterer Spaziergang als Warm-up eingebaut werden (z. B. „Finde auf deinem Spaziergang zwei Kreise, ein Rechteck und ein Dreieck!“).

Wenn die Kinder ein Tablet zur Verfügung haben, fotografieren sie ihre Entdeckungen. Diese Fotos können später im Plenum präsentiert werden und bieten so viele Möglichkeiten zur Anschlusskommunikation. Die Fotos können auch ausgedruckt und passend zum möglichen Wortspeicher Mathematik gehängt werden. So ist der selbst entdeckte Alltagsbezug stets präsent.

Tipp aus der Praxis

Für diese Unterrichtsidee müssen die Kinder mit der Kamerafunktion eines Tablets vertraut sein. Zusätzlich muss darauf hingewiesen werden, dass das Rennen mit dem Tablet verboten ist und jedes Kind mal am Zug ist, ein Foto zu machen.

Eine wichtige Regel beim Fotografieren sollte sein, alle entdeckten Formen einzeln zu fotografieren. So können die Fotos später besser sortiert werden.

Sind die Kinder noch nicht an das Schulhaus gewöhnt, sollte der zu erkundende Raum auf das Klassenzimmer und den Flur beschränkt werden.

Das Bekleben der Gegenstände sollte vorab im Kollegium besprochen werden. So wissen alle Klassen Bescheid und niemand entfernt die Schilder.

Formen in Kunstwerken aufspüren 

Material

Kunstpostkarten, alte Kalender mit Bildern, Muggelsteine

Umsetzung

Die Lehrkraft legt Werke verschiedener Künstler und Künstlerinnen im Klassenzimmer aus und lädt die Kinder zu einem Formenspaziergang ein:
Die Schüler und Schülerinnen sollen paarweise geometrische Formen (Dreiecke, Vierecke, Kreise usw.) auf den Bildern entdecken und diese mit einem Muggelstein kennzeichnen. Dabei ist es wichtig, dass die Kinder ihre Entdeckungen verbalisieren: „Hier habe ich ein Viereck entdeckt.“

In einer abschließenden Plenumsrunde dürfen die Kinder erzählen, welche Formen sie gefunden haben. Dabei können unterschiedliche Dinge zur Sprache kommen. Vielleicht unterscheidet ein Kind bereits zwischen Rechtecken und Quadraten oder jemand hat eine ungewöhnlichere Form wie ein Oval entdeckt.
In einer solchen Abschlussrunde ist es wichtig, mit den Kindern anhand eines ausgewählten Beispiels zu analysieren, dass man auf den Bildern meist nur ungefähre Formen findet, da die Maler nicht mit Lineal arbeiteten, sondern freihändig zeichneten.

Tipp aus der Praxis

Um geeignete Bilder für diese Übung zu finden, können die Familien der Kinder miteinbezogen werden. Bestimmt finden sich zu Hause Postkarten oder alte Wandkalender

Besonders geeignet sind z. B. die Werke der Künstler Wassily Kandinsky, Joan Miró und Paul Klee.

Wer ist der Kleinste? Wer ist der Größte? 

Material

Kuscheltiere der Kinder, Haftnotizzettel, Edding®-Stift

Umsetzung

Vorab bringt jedes Kind zwei Kuscheltiere von zu Hause mit.

Die Kinder sitzen zu viert an einem Tisch und die Kuscheltiere befinden sich gesammelt in der Mitte. Die Kinder bekommen nun den Auftrag, die Tiere nach der Größe zu ordnen und mit dem kleinsten Tier zu beginnen. Nach einer Überprüfung durch die Lehrkraft und die Mitschüler und Mitschülerinnen darf nun mit einer neuen Auswahl an Kuscheltieren (beginnend mit dem größten Tier) geordnet werden.

Im Anschluss ist eine Erweiterung durch detailliertere Arbeitsaufträge denkbar (z. B.: „Ordnet die Tiere nach der Größe ihres Kopfes.“). Hierbei müssen die Kinder noch genauer auf die Größe eingehen.

Mit dieser Übung können zudem die Ordnungszahlen geübt werden. Die Kinder sprechen dann reihum: Mein Tier ist das erste, mein Tier ist das zweite usw.
Die Zahlen werden zusätzlich von den Kindern auf Haftnotizzettel geschrieben und passend zu den Tieren geklebt.

Die sortierten Kuscheltiere können mit dem Tablet fotografiert und anschließend ausgedruckt werden. Die Fotos stellen einen sinnvollen und motivierenden Hefteintrag zu den Ordnungszahlen dar.

Tipp aus der Praxis

Die kurze Übung kann auch mit Spielsachen durchgeführt werden. Wichtig ist es, nach der Unterrichtszeit noch genügend Zeit für das gemeinsame, freie Spielen mit den mitgebrachten Dingen einzuplanen.

Zu Beginn des Schuljahres ist es für viele Kinder hilfreich, ein Kuscheltier im Schulranzen dabeizuhaben, falls sie Mama und Papa doch einmal vermissen oder sich aufgrund eines Konfliktes beruhigen müssen. „Brave“ Kuscheltiere können mit am Tisch sitzen, wenn sie das Kind nicht ablenken.

Geldblitz: Erkenne den Betrag in Sekunden! 

Material

Geldbeutelumriss auf Tonpapier, Spielgeld, Schülertafeln, Tafelstifte

Umsetzung

Unter der Dokumentenkamera präsentiert die Lehrkraft den Kindern als stummen Impuls einen leeren Geldbeutel. Nun wissen die Kinder bereits, dass „Geldblitz“ gespielt wird. Die Kinder legen ihre Schülertafeln bereit und warten auf den ersten Geldbetrag. Hierzu deckt die Lehrkraft die Dokumentenkamera ab und legt einen Betrag. Diesen zeigt sie der Klasse sehr kurz und die Kinder notieren ihn auf ihren Tafeln. Nach jedem Geldblitz wird sogleich kontrolliert, indem ein Kind den Geldwert nennt und die Lehrkraft diesen nochmals visualisiert. Die Kinder kontrollieren und haken ab.

Tipp aus der Praxis

Wenn die Übung eingeübt und bekannt ist, kann auch ein Kind die Aufgabe übernehmen, Münzen unter die Kamera zu legen. Dann eignet sich die Phase sehr gut, bei jedem Kind zu beobachten, ob es Geldbeträge erkennen kann.

Den Kindern macht es Freude, wenn die Lehrkraft eine Zahl nennt, diese visualisiert und die Klasse daraufhin kontrollieren muss, ob sich ein Fehler eingeschlichen hat. Wenn das der Fall ist, dürfen die Kinder Münzen ergänzen oder wegnehmen.

Rechnen mit Einkäufen 

Material

Wochenprospekte, Pappteller, Schere, Kleber, laminierte Bildkarten (von möglichen Einkäufen, auf Nahrung beschränkt), löslicher Folienstift, Matheheft und Bleistift

Umsetzung

Die Kinder versammeln sich im „Sitzkino“ vor der Tafel. Die Lehrkraft legt nun viele verschiedene Bildkarten (abgebildet sind Nahrungsmittel) aus und die Kinder verbalisieren diese (gut für die Wortschatzerweiterung).
Dann wird gemeinsam überlegt, wie hoch ein Preis für ein jeweiliges Nahrungsmittel sein könnte. Mit dem Folienstift werden die geschätzten Preise in die Ecken der Bildkarten notiert. So entwickeln die Kinder allmählich eine Vorstellung von Preisen und ein erstes Gefühl für den Umgang mit Geld.

Im Anschluss daran dürfen die Schüler und Schülerinnen aus den Wochenprospekten Nahrungsmittel ausschneiden, die sie sehr gerne mögen und gerne kaufen würden. Ihre Auswahl kleben die Kinder auf einen Pappteller.

Je nach Leistungsstand der Kinder ergeben sich nun verschiedene Arbeitsaufträge, z. B.:

- Berechne den Preis von drei Dingen auf deinem Teller.
- Berechne den Preis aller Dinge auf deinem Teller.
- Welche Dinge auf deinem Teller kannst du dir mit 5 € / 10 € (...) kaufen?
- Tausche deinen Teller mit dem deines Sitznachbarn oder deiner Sitznachbarin. Ist sein oder ihr Einkauf günstiger oder teurer als deiner?

Tipp aus der Praxis

Beschränkt man die Einkäufe auf Nahrungsmittel, lässt sich das Thema gut mit dem Bereich *Gesunde Ernährung* im Sachunterricht verbinden. Die spontan zusammengestellten Teller eignen sich prima als erster Überblick über die eigenen Essgewohnheiten und Vorlieben.

Am Anfang empfiehlt es sich, den Arbeitsauftrag so zu gestalten, dass die Kinder nicht wahllos alle Lebensmittel ausschneiden, sondern sich auf die vorab besprochenen Bildkarten beziehen und aus diesen (in den Prospekten) eine Auswahl treffen. Es ist den Kindern dabei freigestellt, ob sie für die Notation der Preise nach vorne zu den Bildkarten laufen (bewegtes Lernen) oder sich die Preise auf ihren ausgeschnittenen Bildern alle auf einmal notieren.

Ist das Prozedere eingespielt, kann die Vorgabe gelockert werden, da die Lehrkraft nun auch Kapazität hat, bei der Ermittlung von Preisen anderer Produkte Hilfestellung zu leisten (z. T. schwierige Schreibweise in Prospekten).

Die Kinder können ca. eine Woche vorher gebeten werden, Prospekte zu sammeln und mitzubringen. So ist für alle rechtzeitig genug Material vorhanden.

Die Pappteller werden auf der Rückseite mit Namen versehen. Sie können so beliebig oft unter den Kindern getauscht werden und es entstehen viele verschiedene Sachsituationen, die zum Rechnen einladen.

Möchte man das Thema mit dem Fach Kunst verbinden, ist es möglich, die Teller aufwendiger (z. B. mit Mustern) zu gestalten.

Leistungsstarke Kinder können an die verschiedenen Schreibweisen von Geld herangeführt werden.

Ein Ausflug in einen nah gelegenen Supermarkt kann eine nachfolgende Unterrichtseinheit bilden (fortgeschrittener Anfangsunterricht / Ende erste Klasse). In Kleingruppen (ausgestattet mit wenig Geld) können die Kinder nach ihrer erstellten Liste einkaufen. Ein Anruf beim jeweiligen Supermarkt ist dafür hilfreich, oftmals helfen Angestellte vor Ort gern.

Klassenflohmarkt

Material

Dinge zum Verkaufen, Preisschilder, Edding®-Stift, (Spiel-)Geld

Umsetzung

Die Kinder dürfen eine bestimmte Anzahl an Verkaufsgegenständen (Spiele, Bücher ...) für den Klassenflohmarkt mit in die Schule bringen. Vorab wurde mit den Kindern besprochen, welche Spielsachen nicht geeignet bzw. nicht erwünscht sind (Waffen, nicht altersgemäße Spiele für den Computer ...).

Die Kinder richten sich an ihrem Sitzplatz einen Verkaufsstand ein. Dafür werden alle Gegenstände erkennbar mit Preisschildern versehen. Nun dürfen die Kinder durch den Flohmarkt bummeln und sich die Auslagen der anderen ansehen. Wichtig ist es, dass keine Dinge berührt werden dürfen.
Im Anschluss werden die Kinder in Verkäufer/-innen und Käufer/-innen eingeteilt. Eine Hälfte der Klassen verkauft nun, die andere tritt als Käufer/-innen auf. In einer zweiten Phase werden die Rollen gewechselt und in einer dritten Phase dürfen die Kinder ihre Rolle variabel gestalten.

Die Kinder üben hierbei einfache Additions- und Subtraktionsaufgaben und legen Geldbeträge ohne den Einsatz eines Arbeitsblattes. Als weitere Übung empfiehlt sich eine Hausaufgabe zur Einkaufssituation:

- Welchen Geldbetrag hast du ausgegeben? Male auf deine Tafel / in dein Heft.
- Schreibe die Rechnung zu deinem Einkauf auf deine Tafel / in dein Heft.
- Schreibe eine eigene Einkaufssituation auf deine Tafel / in dein Heft. Halte auch die Rechnung zu dieser fest.

Tipp aus der Praxis

Im Vorfeld eines solchen Klassenflohmarktes sollten die Kinder als Übung eine einzelne Sache zum Verkauf mitbringen, um einer Überforderung entgegenzuwirken. Es bietet sich an, einen großen Verkaufstisch einzurichten, der dann immer wieder für Verkaufssituationen genutzt wird. Grundsätzlich sollte bei spielerischen Flohmärkten die Anzahl der Verkaufsgegenstände beschränkt werden.

Es ist ratsam, bei ersten spielerischen Verkaufssituationen Spielgeld zu nutzen.

Achten Sie bei Flohmärkten in der ersten Klasse auf ganze, einfache Geldbeträge.
Außerdem ist es sehr wichtig, das Elternhaus miteinzubeziehen. Bitten Sie die Eltern mittels Elternbrief, gemeinsam mit ihren Kindern die Sachen zum Verkauf auszuwählen und auch einen Preis festzulegen.

Nach der Durchführung eines Klassenflohmarktes kann darüber nachgedacht werden, die Parallelklasse hierzu einzuladen.

Erste Daten erheben 

Material

Lego®- oder Duplo®-Steine, kleine laminierte Wortkarten (Auswahlmöglichkeiten), Satzmuster in Sprechblasen (laminiert), Schülertafeln, Tafelstifte, laminierte Ausgangsfragen

Umsetzung

In Kleingruppen sitzen die Kinder um einen Tisch, auf dem die Ausgansfrage für die Stunde liegt. Jede Gruppe sollte eine andere Frage verfolgen. In der ersten Klasse sind folgende Beispiele möglich:

- Welches dieser drei Haustiere hättest du gerne (Hund, Katze, Hase)?
- Welche der drei Speisen magst du am liebsten (Pizza, Nudeln, Pommes)?
- Welche dieser Obstsorten magst du am liebsten (Apfel, Banane, Kirsche)?
- Welche dieser Sportarten würdest du gerne ausprobieren (schwimmen, tanzen, Karate)?
- Welches Fach magst du am liebsten (Mathe, Deutsch, Sachunterricht)?

Die Kinder notieren auf ihren Schülertafeln mit etwas Abstand die drei Auswahlmöglichkeiten zu ihrer Frage (für leistungsschwächere Kinder empfiehlt es sich, an dieser Stelle mit Bildkarten zu arbeiten, die auf der Tafel befestigt sind).

Nun darf aus jeder Gruppe ein Kind eine andere Gruppe besuchen und Antworten zur Frage sammeln. Kehrt das Kind zurück, verbalisiert es der eigenen Gruppe die Ergebnisse (... Kinder haben Hund angegeben, ... Kinder nannten Katze, ... Kinder wählten Hase).
Die Gruppenmitglieder legen zu den Auswahlmöglichkeiten die entsprechende Anzahl an Steinen. Nach diesem Durchgang darf ein anderes Kind eine neue Gruppe besuchen, bis alle Kinder befragt wurden.

Ist dieser Prozess abgeschlossen, findet an den einzelnen Gruppentischen eine kleine Präsentation der Ergebnisse statt:

- *Wir haben die Frage … untersucht.*
- *Die meisten Kinder wählten …*
- *Die wenigsten Stimmen hat … bekommen.*

An dieser Stelle sind Satzmuster als Vorlage sinnvoll. Es ist möglich, dass eine Gruppe selbst ihre Ergebnisse präsentiert oder ein Kind aus einer anderen Gruppe diese Aufgabe übernimmt.

Tipp aus der Praxis

Vor dieser Stunde muss bereits eine bestimmte Notation eingeführt sein, z. B. Punkt oder Strich für jede genannte Antwort. Es empfiehlt sich, das Vorgehen zuerst einmal im Plenum gemeinsam durchzuführen.

Beispiel 1:		Beispiel 2:	
Hund	OOOOO	Hund	~~IIII~~
Katze	OOO	Katze	III
Hase	OO	Hase	II

Die Kinder sollten darauf hingewiesen werden, dass nur eine Antwortmöglichkeit gewählt werden darf, so bleibt die Anzahl der Antworten im behandelten Zahlenraum.

Es sollten Fotos von den Ergebnissen gemacht werden, sie können die Grundlage bilden, die Modelle in Folgestunden in einfache Säulendiagramme zu verwandeln.

Eine Wochenhausaufgabe könnte sein, im eigenen Familienkreis Daten zu einer bestimmten Frage zu sammeln.

Wo ist der Ball? 

Material

Ball, Regal, Stuhl (Alternativen möglich), Schülertafeln, Tafelstifte, Wortkarten (Lagebegriffe), Sprachmuster in Sprechblasen

Umsetzung

Zunächst werden im Plenum die behandelten Lagebegriffe (*links/rechts, neben, zwischen, oben/unten, vor/hinter, über/unter, auf/unter* und *hinten/vorne*) wiederholt. Dazu werden die Wortkarten gemeinsam gelesen und mit kleinen Beispielen erklärt. Dabei eignen sich vorgegebene Sprachmuster (z. B. ... liegt unter ...).

Nun stellt die Lehrkraft ein Regal und einen Stuhl auf und legt den Ball an verschiedene Stellen (am besten notiert man sich vorab die Reihenfolge).
Die Kinder verschriftlichen der Reihenfolge nach, die Lage des Balls auf ihrer Schülertafel. Je nach Leistungsstand lässt sich hier sehr gut differenzieren. Leistungsschwache Kinder notieren nur die Abkürzung des Lagebegriffes (z. B. ein kleines L für links) und können dabei die Wortkarten zur Hilfe ziehen. Leistungsstarke Kinder notieren das ganze Wort.

Nach einigen Durchgängen erklären die Kinder der Reihe nach, wo der Ball lag. Zuerst wird ein ganzer Satz anhand ihrer Notizen mündlich formuliert (z. B.: „Erstens: Der Ball liegt auf dem Regal.“). Ein anderes Kind visualisiert den Satz, indem es den Ball an die richtige Stelle legt. Die Visualisierung hilft den leistungsschwächeren Kindern.

Tipp aus der Praxis

Dieses Prinzip lässt sich leicht nach oben differenzieren, indem mehrere Gegenstände arrangiert werden, deren Lage beschrieben werden muss.

Wenn Sie mehrere Dinge gleichzeitig positionieren, lässt sich das Einnehmen und Beschreiben verschiedener Perspektiven trainieren (z. B.: „Von hinten sehe ich nur den Ball.")

Für diese Übung ist ein Wortspeicher mit Wort, Bildkarte und entsprechender Abkürzung nützlich.

Die Anton App hält ähnliche vielfältige Aufgaben bereit. Als Hausaufgabe über mehrere Tage oder für das Homeschooling bietet die App damit eine gute Übungsmöglichkeit. Für das Unterrichten in der Schule eignet sie sich prima als Vertiefung.

Materialliste für die Eltern

Deutschunterricht

Übung	Material
Ideen für den Erzählkreis	
Einer Geschichte zuhören	bunte Tücher, Material je nach Geschichte
Kleine Zuhörausbildung: Wer hat den Stinkekäse?	Blankobierdeckel
Den Meisterspionen und Meister-spioninnen gut zuhören	
Richterin – Polizist – Spionin	
Arbeitsaufträge für die Fibel	
Versteckte Silben, Wörter und Sätze	
Lesepass als Minibüchlein	
Lesestreifen	
Lesekartei	Kinderzeitschriften, Kurzgeschichten
Eine Geschichte aus dem Säckchen	einfach zu verschriftliche Gegenstände
Schreiben zu Wimmelbüchern	evtl. Wimmelbücher
Schreiben zu Kunstpostkarten	Kunstpostkarten
Schreibaktion mit Russisch Brot	
Werbung machen	Werbeprospekte
Bestimmter Artikel gesucht!	evtl. (Werbe-) Prospekte
Vorsicht, gefährliche Nomen!	
Leckere Adjektive	verzehrbereite Lebensmittel
Adjektive zu Gegenständen sammeln	verschiedene Gegenstände, z. B. Dekoartikel, Farbkarten, etc.
Ameisen- und Giraffendiktat	
Memory: Einzahl und Mehrzahl bilden	verschiedene Memorys
Bunte Kiste: Rechtschreibübungen	Gegenstände mit beschrifteten Wortkarten (siehe vorbereitende Vorbereitung/Hausaufgabe)
Satztheater: Satzzeichen finden	
Silben üben	

Mathematikunterricht

Übung	Material
Zahlenblitz: Eine Menge in Sekunden erkennen	
Flüsterwürfel	
Gegenstände zählen	
Die Anzahl suchen	Werbeprospekte
Aufgaben würfeln	
Aufgabenmemory	Tonpapierreste
Mit Wimmelbildern rechnen	Wimmelbilderbuch
Mit Themenlandschaften rechnen üben	Gegenstände zu einem bestimmten Thema (evtl. von Playmobil®: Piraten, Ritter, Ägypter, etc.)
Rechenzeichen erkennen	
Muster herstellen	Lego®-Steine, Bügelperlen
Formen im Schulhaus entdecken	
Formen in Kunstwerken aufspüren	Kunstpostkarten, alte Kalender
Wer ist der Kleinste? Wer ist der Größte?	Kuscheltiere der Kinder
Geldblitz: Erkenne den Betrag in Sekunden!	
Rechnen mit Einkäufen	Wochenprospekte
Klassenflohmarkt	Sachen zum Verkaufen (hier evtl. schon anmerken, dass ausrangiertes Spielzeug nicht weggeworfen werden sollte, Material für späteren Zeitpunkt im Schuljahr aufheben)
Erste Daten erheben	Lego®- oder Duplo®-Steine
Wo ist der Ball?	